Eric PETITDEMANGE

Rouage emploi

Eric PETITDEMANGE

Rouage emploi

Un regard sur l'emploi en France

Éditions Vie

Imprint
Any brand names and product names mentioned in this book are subject to trademark, brand or patent protection and are trademarks or registered trademarks of their respective holders. The use of brand names, product names, common names, trade names, product descriptions etc. even without a particular marking in this work is in no way to be construed to mean that such names may be regarded as unrestricted in respect of trademark and brand protection legislation and could thus be used by anyone.

Cover image: www.ingimage.com

Publisher:
Éditions Vie
is a trademark of
Dodo Books Indian Ocean Ltd. and OmniScriptum S.R.L publishing group

120 High Road, East Finchley, London, N2 9ED, United Kingdom
Str. Armeneasca 28/1, office 1, Chisinau MD-2012, Republic of Moldova, Europe
Printed at: see last page
ISBN: 978-613-9-59376-7

Table des matières

... Et toi, que feras-tu plus tard ?

J'aimerais être ... Euh ! Electricien, dit l'enfant qui rêve en fait de devenir la personne qu'il porte aux nues.

Ce n'est pas forcément quelqu'un de la famille, mais, sans que personne ne sache pourquoi, cette personne est devenue l'idole de cet enfant.

C'est incontournable, tous passent par cette étape.

C'est beau le rêve d'enfant !

Devenu adolescent, le rêve reste entier, même si le jeune est tour à tour passé par la case, j'aimerais être policier, gendarme, pompier, militaire, chanteur, footballeur….

Maintenant en troisième, il est grand temps qu'il « trouve son orientation » !

D'ailleurs, le corps enseignant va l'aider à faire ses choix, pour qu'il trouve sa voie…. Ils appellent ça « l'orientation ». Il s'agit en fait de décisions arbitraires qui contraignent le jeune à entrer dans les rails des études.

Les chemins sont si bien tracés qu'ils feront des études universitaires, des études supérieures ou des études « techniques » (comme si être technicien était une tare, car que ferions-nous sans plombier, sans couvreur ou encore sans mécanicien ?).

Ça y est ! Le jeune fait des études, puis décroche… Son premier contrat de travail.

C'est maintenant que la machine se met en route. La mécanique huilée, mais glissante est désormais enclenchée et rien ne peut l'arrêter.

A travers cette nouvelle, je voudrais décrire un système dans lequel tout le monde peut un jour entrer.

Oui chacun d'entre-nous peut y être confronté à un moment ou un autre de sa vie.

Ce système est celui que l'on nomme « le monde du travail », tant il est régi par des lois propres (ou parfois un peu sales, mais c'est un point de vue !), tant le non-dit prend une part importante et tant le fonctionnement ressemble plus à un labyrinthe qu'une voie toute tracée comme l'éducation nationale laisse le supposer, sans pourtant vraiment y croire.

Pour ne pas fonder ces quelques pages sur des ragots, ni, ce qui serait pire, des « on dits », je vais vous parler de l'histoire d'un homme qui est confronté à la réalité de ce monde parallèle qu'est le monde du travail, ou encore celui du chômage... Pardon, de la recherche d'emploi !

Pour ne froisser personne, et bien que je sois persuadé que plusieurs des lecteurs de ces lignes vivent la même chose, je parlerai d'expériences prises sur le vif mais qui sont REELLES. Il n'y aura aucune fiction ni romans, non, du brut de décoffrage...

... En essayant d'y décrire les choses au plus juste, sans masquer ou édulcorer les choses.

Parfois, je l'espère, certaines parties vous feront rire, ou au moins esquisser un sourire, d'autres au contraire, risquent fort de vous faire grincer des dents.

En tout cas, si vous vous attendiez à un discours politiquement correct, je crains fort que vous ne soyez déçus.

Les choses ne pouvant évoluer que dans le bon sens, je vous laisse actualiser le propos à ce que vous vivez aujourd'hui. Je peux vous assurer que rien n'a changé depuis des décennies....

Je vous souhaite une bonne lecture.

Le monde… Du travail

Et oui, il s'agit bien d'un monde, avec ses lois, avec son mode de fonctionnement…

Vous arrivez, tout le monde vous fait des ronds de jambe. « Ici, on peut tout se dire », si cela commence comme ça, alors méfiez-vous, il y a des clans, mais les personnes ne portent pas de kilt avec le tartan permettant de connaître leur appartenance.

Ce n'est pas forcément la Direction générale qi fait la loi et, contrairement à ce que l'on vient de vous dire, toute vérité ne doit pas être mise à jour.

Vous ne le pensiez pas, car vous venez d'arriver, confiant.e, mais en fait vous devez ABSOLUMENT rester sur la réserve.

Le non-dit est aussi, voire plus, important que le dit. Les bruits de couloir sont sans appel (d'ailleurs il est impossible de s'y défendre) et il vous faudra rapidement choisir un camp.

Et oui, au sein d'un même service il y a des camps qui se créent et j'ai le regret de vous annoncer que vous ne pourrez pas rester neutre, en zone franche.

Si tel est le cas (ou votre souhait), alors vous serez isolé.e car personne ne viendra vers vous. Les fameux clans ne viennent pas vous chercher. Et dès que vous aurez pris position pour l'un de ses membres, vous en ferez immédiatement partie.

D'ailleurs, si vous faites le choix de parler à untel ou untel, alors votre étiquette sera collée et croyez-moi sur parole, avec une colle si forte que vous ne pourrez pas faire un pas dans l'entreprise sans que les gens « ne sachent » que vous appartenez désormais à tel camp !

Le plus surprenant, pour vous, c'est que vous souhaitez simplement apprendre l'entreprise, sans vous mêler des problèmes.

Alors, même si vous restez neutre, les bienpensants vous catégoriseront immédiatement dans la case « vendus à la direction ».

Cela laisse présager de bonnes journées, non ?

On vous aide... Mais pas trop.

Ce monde est très compliqué, car si vous vous isolez, alors les gens vous fuient. Si vous parlez trop, vous êtes catalogué(e) et donc les gens vous fuient et si vous allez trop vite, les gens se méfient, donc vous fuient.

Il faut donc être un sympathique et distant, car il n'est pas question de parler de sa vie personnelle, car, si vous dévoilez trop de choses, cela sera utilisé contre vous.

Pourtant les collègues vous posent pleins de question, comme où vous allez en vacances, le prénom de vos enfants, de votre mari (ou de votre femme si vous êtes un homme), vos hobbies. Mais à bien y réfléchir, ces mêmes collègues en disent très peu sur leur vie personnelle.

D'ailleurs ne serait-ce pas une stratégie que de poser des questions à l'autre, permettant ainsi de sembler s'y intéresser sans rien dévoiler de soi ?

Ne pensez pas à la manipulation, ce serait prématuré, puisque vous venez d'arriver dans l'entreprise.

Quel que soit votre poste dans l'entreprise, vous serez certainement confronté à cela.

Il vous faut donc savoir être proche tout en gardant vos distances. Être sympa mais ferme sur certaines positions, sans pour autant tenir tête, car les gens n'aiment pas cela.

En bref, il y a des règles mais personne ne les donne. C'est à vous de les découvrir.

Une des principales est l'observation. Vous ne dites pas grand-chose, à part quelques banalités. Vous écoutez et vous imprégnez de ce que disent les autres. Généralement, ceux qui parlent « librement » ont trouvé la bonne méthode. Si vous voyez que les collègues recherchent sa compagnie, cette personne a manifestement la clé du succès (du moins en ce moment, car les choses basculent parfois bien vite) !

Faites comme elle, en restant vous-même.

Restez ce que vous êtes, et surtout ne dites pas trop de choses. Laissez les gens vous découvrir.

Si vous êtes responsable d'activité, les gens s'en rendront rapidement compte. En effet, vous serez convié.e à certaines réunions, vous aurez certains droits que d'autres n'auront pas…

Pas besoin de crier sur les toits quel est votre rôle. Croyez-moi sur parole, les gens le sauront rapidement.

Un manager est regardé, scruté et surtout au sein de son équipe.

Mais je ne vais pas vous faire ici le traité du parfait manager.

D'abord car je n'en ai pas les capacités, ensuite, parce que ce n'est pas l'objet du livre que vous tenez entre vos mains.

Voici donc deux bonnes raisons pour passer au concret !

Entrons dans une entreprise de grande taille pour voir ensemble ce qui s'y passe.

Même si l'ensemble ne peut être attribué à une seule personne ou à une seule entreprise, la somme des informations « compilées » ici sont tirées de faits réels qui ont donc existé, mais pas forcément tous envers une seule et même victime.

Un exemple, un exemple !

Prenons l'exemple de la société S…

Elle est constituée de plusieurs succursales. Chaque « entité » est gérée par un Directeur Général, lui-même chapeauté par un Président.

Le fonctionnement est très simple, c'est une « grande famille », sans chamaillerie et tout le monde est gentil avec tout le monde.

Il y a les personnes techniques et les autres (après tout la production, c'est notre gagne-pain). Vous arrivez pour prendre la responsabilité d'un service périphérique, annexe, mais ô combien important pour le développement de l'activité (pour l'exemple, je prendrai un sujet que je connais bien : la formation).

Je profite de cet instant pour faire un peu de publicité pour mes deux précédents ouvrages :

- Synthèse, traitant des arts martiaux ; aux éditions Edilivre, au jour où j'écris ces lignes
- Formateurs reprenez le contrôle, aux éditions Vie, qui doit paraître en août 2023.

Reprenons…

Cette société est « très humaine ». Lors de votre visite médicale d'embauche, vous apprenez qu'il n'y a pas de licenciement dans cette société. Les gens semblent heureux. Il y a bien sûr quelques départs, mais rien de dramatique.

Ceci est rassurant, une société qui se préoccupe de son personnel !

J'en profite pour souligner que cela doit vous alerter, car plus une société va bien vu de l'extérieure et plus la gestion du personnel est mauvaise.

Vous pouvez d'ores et déjà vous attendre à toutes les duperies et pressions possibles.

Pourquoi rien ne sort de l'entreprise ? Tout simplement parce que la gestion fonctionne sous le règne de la terreur !!!

Dans cette entreprise, il y a un petit CE (Comité d'Entreprise ; ancien nom donné au Comité Social et Economique - CSE) qui organise les cadeaux de Noël, avec une petite fête pour l'ensemble du personnel.

Le conjoint et les enfants y sont cordialement invités.

Ensuite, lors des beaux jours, nous célébrons l'été autour d'un barbecue, toujours offert par ce même CE.

Le Comité d'Entreprise (CE) est la représentation du personnel pour les œuvres sociales et pour les activités. De nos jours, leur attribution a été élargie, mais dans le cas qui nous occupe, cela n'aurait aucune importance ni incidence.

Nous sommes donc en présence d'une belle entreprise qui souhaite mettre toutes ses chances du côté de la croissance puisqu'elle veut rationaliser ses services.

J'ai oublié de mentionner que le jour de votre arrivée, les personnes du service communication ont organisé une soirée avec en première partie un repas (tous frais payés !!), puis, comme « on ne se sépare pas en si bon chemin », la soirée continue dans un pub.

Bref vous avez de la chance d'avoir décroché un emploi dans une société où le bien-être des employés est indéniable.

Vous parlez avec un commercial qui va s'en aller. Bon certes l'entreprise fait de grosses pertes, mais justement, le commercial s'en va car il n'y a pas assez de pression sur le personnel.

En effet, dans un cas de perte d'argent, la Direction devrait prendre des mesures de réorganisation.

Vous constatez que d'autres services empruntent le même chemin.

Le service des Ressources Humaines (RH) se déleste de deux personnes pourtant jeunes et qui n'avaient que quelques années de présence.

La première démissionne pour suivre son conjoint, mais c'est une fausse excuse quand vous creusez un peu car finalement, elle ne s'éloigne que de quelques kilomètres.

En ce qui concerne la seconde, les raisons sont un peu plus troubles, j'aurais pu dire moins limpides.

Certainement l'envie de changer, voir autre chose. Exprimer son talent ailleurs comme on dit.

Mais vous découvrirez ça plus tard !

Vous êtes embauché pour faire de la formation. Vous n'avez donc rien à craindre, puisque le service est pour ainsi dire en création.

La Direction n'aurait donc aucune raison de créer un service pour se séparer des gens.

Etat des lieux

La société S ne fait de la formation que par obligation. En effet, elle construit et distribue, via un réseau de partenaires, ses produits qui font partie de ce que l'on appelle la haute technologie.

La formation ? Bah en fait, comme les clients ont un besoin, on y répond un peu de manière opportuniste. Le problème, c'est que jusqu'à présent, c'était un peu géré par tout le monde (et surtout personne, mais ça, vous le découvrirez par vous-même !).

Votre mission c'est donc de créer un service cohérent, sur la base de l'existant.

Vous êtes reconnu comme étant le/la spécialiste du domaine et vous avez appris, lors de votre entretien d'embauche, que vous êtes attendu.

Vous êtes le Messie qui doit régler tous les problèmes, car justement la volonté est de bien cadrer la formation.

Alors vous partez à l'aventure. Une aventure riche en événements, car vous commencez par faire un état des lieux.

C'est vite fait, le document le plus récent date d'il y a une quinzaine d'année, à part les « books de formation » ou plus exactement des présentations Powerpoint qui font plus de 200 diapositives (oui, oui, vous avez bien lu 200 !) et qui sont imprimées pour les clients.

« OUPS ! J'avais oublié de vous dire, vous devez créer le service, mais il y a déjà un calendrier de formations, donc il faut éviter de trop révolutionner ».

Cette phrase vous indique que vous n'auriez pas dû aller regarder ce qui existait, car comme vous êtes spécialiste du domaine, vous avez vu des choses qu'il ne fallait pas.

Justement, vous êtes spécialiste, donc vous savez travailler en parallèle et ce sans déranger qui que ce soit. Est-ce suffisant ?

Vous travaillez en interservices, pour obtenir les informations dont vous avez besoin.

L'objectif étant de générer de la formation pour les clients, avec l'administratif et en respectant les aspects légaux.

Vous avez une assistante qui s'occupe de toute la logistique et qui vous expliquera (en son temps) le fonctionnement du service.

Pour l'équipe de formateurs, c'est un peu plus compliqué, vous devez monopoliser des gens du service technique.

Vous aurez le droit de recruter une personne à temps complet, mais pas dans l'immédiat.

Votre mission est donc de reprendre l'existant, sans rien révolutionner, mais en y apportant du neuf.

Pour ce faire, vous pourrez recruter, mais quand le chiffre d'affaires sera suffisant.

En attendant, vous devez utiliser les ressources d'autres services.

Cela veut dire que vous devez prévoir un calendrier en fonction de la charge prévisionnelle des autres services, puisque vous ne disposez de personne (à part votre assistante) en permanence.

En revanche, vous devez remplir et suivre un dossier pour obtenir le financement des formations. Il vous attendait bien sagement depuis plusieurs mois dans le service RH. Heureusement que vous êtes arrivés !

Une difficulté peut en cacher une autre !

Vous commencez par le commencement en apportant le minimum légal.

Vous remettez donc l'administratif à flot et surtout le rendez légal, ce qui n'était pas le cas (rappelons que l'administratif avait 15 ans d'âge, ce qui est savoureux quand on parle d'un bon whisky, mais qui l'est beaucoup moins quand on parle de loi).

Vous allez alors mettre en place tout ce qui permet de gagner de l'argent.

Au bout de 8 mois, vous avez un service qui se compose :

- D'une assistante à 100% de son temps
- D'un formateur dédié (à 100%)
- Deux prestataires externes
- 5 partenaires qui sont également distributeurs des produits
- 2 techniciens que vous prenez ponctuellement

Avec cet effectif réduit, vous générez 500 000 € par an à peu près.

Vous avez trouvé des moyens de diminuer les coûts, vous montez en puissance.

Vous avez les félicitations de la direction, vraiment vous êtes la personne qu'il fallait ici !

Et vous aviez gardé le meilleur pour la faim (ou la fin, comme vous voulez…) vous avez réussi à mettre en place un système robuste de financement pour vos clients.

Cela va durer environ 2 ans.

Tout va pour le mieux, mais vous n'aviez pas compris que l'objectif était de perdre de l'argent pour faciliter le rachat de la société !

Évidemment, cet objectif ne peut en aucun cas être officiel !

A votre niveau vous êtes à des années lumières de penser qu'il vous fallait échouer pour réussir. C'est une sorte de qui perd gagne, à ceci près que… Vous avez gagné et réussi l'impensable !

Oui le Directeur Général vous félicite, mais vous sentez que derrière ses propos et son soi-disant projet de créer un centre de formation dont vous seriez le Directeur (évidemment), il y a une partie non dite.

Vous sentez des résistances. D'ailleurs les techniciens que vous preniez pour la formation commencent à vous décrier, remettre en cause tout ce que vous dites ; rien de bien méchant, mais quand-même, vous sentez une sorte de malaise non officiellement déclaré.

Afin de vous faire sortir du périmètre (je vous rappelle qu'il n'y a pas de licenciement), un processus va se mettre en place lentement, mais sûrement.

Rappelez-vous lors de votre visite médicale, le médecin vous avait rassuré.e sur le fait que la société ne licenciait pas et qu'il y avait bien quelques départs, mais rien d'alarmant. D'ailleurs ce médecin a participé à plusieurs réunions avec le CE et tout se passe pour le mieux.

Les gens sont épanouis et arborent leur plus beau sourire.

Vous constatez que dans un premier temps, les gens vous parlent moins.

Ce n'est pas grave pensez-vous. Cependant, il devient difficile d'avoir les informations nécessaires à votre travail. Les gens n'ont pas (plus) le temps.

Vous sentez que l'on vous isole. Dans la salle de pause, les conversations changent lorsque vous arrivez.

Et puis un jour, ce sont les reproches de la part des techniciens. Tout est prétexte.

La direction semble prendre fait et cause pour vous, cependant rien ne change, tout au moins dans le bon sens.

Vous tenez bon, mais c'est très dur !

Comme vous êtes vraiment au top dans votre métier, vous arrivez à vous en sortir. Vous avez monté tout un travail de fond avec vos prestataires et partenaires et vous monopolisez de moins en moins les ressources techniques.

Vous avez donc réussi à créer un véritable relais extérieur, puisque la croissance de votre service semble compliquée en interne.

Pour ce faire, vous avez renforcé les partenariats et avez créé une sorte de monopole.

Votre réseau peut vendre « ses » formations à leur prix, en revanche les prestataires doivent respecter plusieurs points :

- Ils doivent venir en formation chez vous (à leurs frais)
- Chaque fois qu'ils font une formation, ils doivent vous acheter les manuels (dernière version).
- Ils ne peuvent pas faire de stock.
- Ils doivent inscrire leurs stagiaires chez vous pour passer un examen en ligne.

Alors, devant votre performance, la vitesse supérieure va être enclenchée.

Tout vous sera reproché !

Vous avez fait quelque chose ? Bien voyons, il ne fallait surtout pas faire cela !

Vous ne faites pas quelque chose ? Enfin, cela fait plus d'une semaine que vous auriez dû le faire !

Hélas, vous avez une force d'encaissement un peu hors du commun et puis, encore une fois vous êtes un vrai professionnel dans votre domaine.

Alors, histoire de vous détruire moralement, le CE va « oublier » les cadeaux pour vos enfants à Noël....

Bien entendu, les cadeaux vous seront donnés la semaine suivante (comme ça l'inspection du travail retient que « l'erreur » a été réparée).

On pourrait vous dire que c'est une erreur car il y a beaucoup d'enfants, mais comme vous avez une famille nombreuse, oublier les cadeaux fait un gros trou dans le tableau des effectifs. Ce n'est pas possible de faire cet oubli !

En fait le Directeur Général aurait dû vous dire en entretien qu'il voulait se séparer de vous, mais comme il n'a pas osé (vos résultats sont au-dessus des ventes de produits, activité principale de votre entreprise, je vous le rappelle), alors vous venez à la fête.

Ah, s'il avait osé... Et bien vous seriez venu quand-même car après tout, autant vous amuser tant que c'est encore possible, mais ça ils ne le savent pas.

Ils pensent que dans un cas comme ça ils feraient la tête et ne viendraient pas, ils pensent donc que vous feriez la même chose.

A cette fête, il y a un photographe qui va immortaliser cet instant magique des enfants avec le Père Noël, mais comme vos enfants n'ont pas eu de cadeau (oubli s'il en est), alors ils n'y ont pas droit !

Une personne du CE vient vous annoncer qu'il y a eu un souci de livraison et vous laisse expliquer à vos enfants (courage, fuyons !).

Vous expliquez à votre famille (et commencez à comprendre), mais vous faites bonne figure. Il ne faut rien lâcher.

C'est plus tard que vous découvrirez qu'en fait personne n'avait rien commandé pour vos enfants, car si le Directeur avait entamé les hostilités, vous auriez démissionné, donc une économie substantielle aurait été faite.

Pour l'anecdote, comme finalement la commande des cadeaux se fera la semaine suivant la fête, les prix ont augmenté...

Ainsi, l'un des cadeaux est maintenant à un prix supérieur à celui prévu par le CE.

Vous comprenez que ce ne serait pas juste de vous favoriser et de maintenir le cadeau initial. Alors on vous propose d'accepter un cadeau de substitution qui est « dans les clous ».

N'y voyez rien de personnel, c'est juste un manque de chance !

... Sera retenu contre vous

Dans les reproches, la direction a profité d'un événement pour vous accabler un peu plus.

Un nouveau produit va sortir et vous devez faire en sorte d'avoir la formation prête pour l'événement.

Rappelez-vous que vous avez été mis à l'isolement et donc qu'avoir accès aux informations est chose quasiment impossible.

Comment réussir l'impossible ?

On vous convie à une réunion dans laquelle on ne donne que des généralités et on « oublie » de vous donner la date et l'heure de la vraie réunion technique, celle où tout est décidé (quelles fonctions sont mises en avant, quelles avancées technologiques).

Bref le but est que vous ne réussissiez pas vos objectifs. Tout est prétexte pour trouver un écart par rapport à ce qui est attendu.

Cela va jusqu'au jour où la direction vous convoque pour une rupture conventionnelle.

Vous êtes au bout du rouleau, vous n'en pouvez plus. Vous avez tenu, mais vous sentez bien que vous êtes affaibli. Dc là à dirc qu'ils ont gagné, il n'y a qu'un pas qui se franchit facilement.

Je ne vous ai pas dit ce qui se passe quand vous envoyez un mail ou quoi que ce soit d'autre, je vous laisse imaginer par vous-même !

Je ne vous al pas dlt ce qul se passe quand vous envoyez un mail ou quoi que ce soit d'autre, je vous laisse imaginer par vous-même !

On vous convoque pour la fameuse rupture conventionnelle ; vous êtes tellement mal que vous êtes prêt à accepter n'importe quoi pourvu que ce harcèlement cesse.

A ce propos, je pense que je vais m'essayer à parler de cette maladie douloureuse qu'est la dépression (ou burnout).

Si un jour vous voyez « L'arbre qui cache la forêt » écrit de ma main, vous saurez que j'ai mené à bien cette aventure scripturaire.

La chance vous sourit presque, car, juste avant la date fatidique, vous allez voir la médecine du travail, qui vous conseille de parler à une personne de loi. En effet, le médecin ne vous trouve pas vraiment en forme (et masque difficilement une certaine inquiétude quand à votre santé).

Vous avez contacté un avocat qui, vous dit d'aller voir votre médecin traitant !

Votre médecin vous arrête... Et là, si vous avez de la chance, vous serez pris en charge et vous mettrez 2 ans à reprendre forme humaine.

Attention, ce n'est pas gagné !

Je ne poursuis pas plus, car je dois garder quelques idées pour « L'arbre qui cache la forêt » ....

Notez au passage que dans certaines sociétés, tout se passe bien, mais rester neutre est la règle d'or pour vivre longtemps et heureux.... Dans son travail.

Restez sur vos gardes, personne n'est à l'abri et, malgré les lois qui s'améliorent, les risques psychosociaux en entreprise ne cessent d'augmenter. Les gens vont de plus en plus mal au bureau.

La spirale vers le bas

Au bout des fameuses deux années, vous êtes sorti (pas indemne !) de cette histoire.

Seulement vous vous retrouvez sur le marché du travail (ou celui de l'emploi, à vous de choisir), oui c'est plus joli que dire sans emploi.

Comme vous voulez vous en sortir, vous profitez de ce long temps de maladie pour reprendre des études et valider un haut niveau dans votre domaine (la VAE – Validation des Acquis et de l'Expérience est une excellente voie !).

Comme quoi même dans les moments les plus difficiles, il y a toujours de l'espoir.

Vous pourrez remercier chaleureusement vos proches (femme, enfants...) car ils doivent supporter et vous soutenir tout en restant assez distant pour ne pas vous étouffer.

Ils ont vécu un enfer pendant 2 ans et maintenant, tout le monde s'aligne devant la nouvelle épreuve qui vous touche.

Ici vous comprenez pourquoi certains font le grand saut et quittent cette vie. C'est un réel drame, car certaines entreprises mènent une démarche destructrice et ce en toute impunité, car personne ne peut ou ne veut porter plainte.

Pire encore, l'inspection du travail (DIRECCTE) n'ose pas s'aventurer dans votre soutien, car votre entreprise s'est adossée à un grand groupe international et des enjeux politiques (au plus haut niveau) font que cette histoire ne doit pas éclater au grand jour.

Vous cumulez alors le manque de chance. Quelque part, vous n'êtes pas complètement remis de votre dépression.

Vous êtes alors envoyé à 500 km de chez vous ; trouver un emploi demande parfois des sacrifices.

Bien entendu, prudent, vous ne déménagez pas tout de suite. Heureusement, car vous avez remplacé une personne dans un service, mais cette personne ne voulait pas quitter ce service.

Elle réussira, suivant le même processus, à faire en sorte que vous ne passiez pas la période d'essai !

La méthode est résolument efficace surtout dans un grand groupe américain de logistique !

En fait il y a une composante supplémentaire.

Comme vous réussissez là où d'autres ont échoué, il vous est proposé d'aller à l'étranger pour mettre en place la structure que vous avez menée à bien.

Seulement vous ne voulez pas déménager à l'étranger or, les missions sont de minimum 3 ans !

Cela est pris pour un refus de mobilité et entraîne la fin de votre période d'essai.

Vous trouverez alors un autre emploi, un CDD masqué. Cela étant, c'est une corde de plus à votre arc.

Sincèrement, vous aviez prévu de rester seulement 3 mois, le temps de comprendre le fonctionnement de ce nouveau sujet.

Cependant, chaque « fin de mission » vous fait vous poser de sérieuses questions quant à vos capacités.

Pourtant ce n'est vraiment pas vous qui êtes en cause. Vous effectuez votre travail du mieux que vous pouvez.

Vous allez alors passer par la case « Marché de l'emploi ».

Un pôle, mais pas forcément pour l'emploi

Évidemment, vous n'êtes pas au meilleur de votre forme pour décrocher un nouvel emploi, vos missions précédentes vous ont fait comprendre qu'on n'attend pas après vous.

Le service Pôle Emploi est assez extraordinaire… En effet, lorsque vous êtes en recherche d'emploi, vous devez diminuer les coûts de votre ménage.

Généralement, vous allez mettre de côté tout ce qui est loisirs, et Internet. Fatale erreur, car tout se fait de manière dématérialisée (ou pas !).

Vous devez vous créer un espace demandeur d'emploi. Vous allez alors avoir un code provisoire. Ce dernier vous permet simplement de naviguer sur le portail, mais vous n'avez pas la possibilité d'envoyer de document.

Un rendez-vous vous est proposé, avec un agenda qui semble bien fait.

Au jour dit et à l'heure dite, vous vous rendez au rendez-vous. Le conseiller ou la conseillère prend les renseignements nécessaires.

Comme vous êtes une personne prudente, vous avez amené une copie de tout votre dossier pour « gagner du temps », et surtout parce que vous n'avez pas possibilité de mettre à jour votre dossier avec un mot de passe temporaire et provisoire.

Je viens de vous le dire, le mot de passe provisoire ne vous permet pas de téléverser de document dans votre espace (qui au passage vous est utilie pour mettre à jour votre dossier par période).

Comme vous n'avez pas reçu de mot de passe définitif, vous profitez de votre rendez-vous pour en alerter votre conseiller.

Le conseiller vous dit que vous devriez recevoir un mot de passe définitif… Alors vous patientez ! De plus, il vous indique que votre dossier papier rend les choses plus longues, alors il vaut mieux attendre le mot de passe définitif pour régulariser.

Comme vous êtes résolument prudent vous arrivez à faire en sorte que votre dossier soit « exceptionnellement » pris en compte.

Mais bon il faut quand-même attendre le mot de passe définitif et vous devrez vous connecter c'est important !

Le souci est que vous ne recevez rien (un bug informatique ou un moyen de diminuer artificiellement le chômage ? Allez donnons le bénéfice du doute, c'est un bug informatique !).

Vous faites la procédure de perte de mot de passe et donc un magnifique message vous indique que vous allez « prochainement » recevoir un mot de passe… Mais rien !

Alors, n'ayant pas pu vous connecter avec vos identifiants définitifs (ceux que vous n'avez jamais reçus), vous êtes radié, car vous n'avez pas mis à jour votre dossier en temps et en heure (normal, votre mot de passe étant provisoire, vous ne pouvez pas mettre votre dossier à jour).

Il est extraordinaire de constater que, comme le service automatique ne fonctionne pas et malgré le fait que vous avez donné votre dossier en papier, vous vous retrouvez radié !

Pardonnez-moi si je mets au masculin, mais j'inclus également la gent féminine qui est égale en tout point dans le domaine.

L'injustice n'a pas de sexe !

Vous contactez votre conseiller par mail (oui sur le portail, tant que vous y avez accès, vous avez l'adresse mail de votre conseiller, relevez-là, cela peut vous sauver la vie).

Dans sa gentillesse, votre conseiller a fait 2 choses pour vous :

- Lors de votre premier entretien, il a eu la gentillesse d'accepter de prendre votre dossier papier pour le faire traiter, même s'il vous dit « normalement on n'accepte pas, car c'est traité à l'extérieur ».
- A la suite de votre message d'alerte sur votre radiation, il a repris la main et vous a réinscrit (bon grâce à cela vous n'avez été radié que 2 jours). Mais « il faut mettre votre dossier à jour sinon ça va recommencer ».

Alors vous avez idée de faire une capture d'écran pour montrer le message qui dit que vous allez prochainement recevoir un mot de passe définitif.

Comme vous avez le mail de votre conseiller, vous lui communiquez la copie d'écran en lui demandant de vous aider.

Aucune réponse, mais vous venez de faire l'erreur suprême ! Désormais, vous êtes banni de mail et si vous essayez d'écrire à nouveau, vous recevrez un message qui indique que votre mail ne peut pas aboutir.

Le plus beau est que si vous changez de conseiller, vous ne pourrez toujours pas le/la contacter car le bannissement est général à pôle emploi (votre structure locale).

En d'autres termes, vous ne pouvez plus envoyer de mail à Pôle emploi auquel vous êtes rattaché.

Désormais vous êtes seul face à un souci majeur : vous avez jusqu'au 15 du mois pour faire une mise à jour de votre dossier, mais vous ne pouvez pas le faire (rien n'a changé pour vos identifiants) et désormais vous ne pouvez pas contacter votre conseiller.

Toujours pas de mot de passe définitif et donc le mot de passe provisoire va prochainement expirer.

Vous rendre à l'agence ? Impossible car « on ne reçoit que sur rendez-vous cher Monsieur, vous z'avez qu'à vous connecter et demander un rendez-vous ».

Heureusement, votre prudence a fait que vous avez continué à chercher un emploi et vous venez d'en décrocher un loin de chez vous, mais peu importe.

Bon vous êtes dans un cercle vicieux car, pour demander un rendez-vous vous devez utiliser vos identifiants définitifs et c'est justement ce qui vous manque !

Vous voulez mettre à jour votre dossier et surtout indiquer que vous avez un emploi et que cela doit venir en complément de votre position de demandeur d'emploi.

La loi est bien faite, car, si vous perdez votre emploi durant la période d'essai, vous aurez une réévaluation de l'indemnité que vous percevrez.

Ceci à ne condition quand-même, vous devez être inscrit à pôle emploi et votre dossier à jour (indiquant votre emploi précédent, la durée de celui-ci pour calculer l'indemnité de base).

Vous l'avez compris, pour que cela fonctionne, il faut « revenir en arrière » et vous inscrire avec les éléments du dossier que vous avez remis lors de votre premier rendez-vous.

En d'autres termes, pour que votre nouvelle situation puisse être prise en compte, il faut que votre ancienne le soit, mais pour cela, il vous faut LE Sésame à savoir, le fameux mot de passe définitif (que vous attendez en vain depuis maintenant plus d'un mois).

Il est urgent pour vous de mettre à jour votre dossier, donc vous appelez le numéro taxé pour déclarer la mise à jour.

Comme vous avez trouvé un emploi loin de chez vous vous faites du par cœur (en estimation).

La personne vous dit que de toute manière c'est le dernier jour pour déclarer sinon vous êtes radié !

Et puis si vous vous trompez, « c'est pas grave vous pourrez modifier quand vous aurez accès ».

Vous décidez alors de payer à nouveau en appelant le service d'aide technique. Ils vous indiquent qu'effectivement ce n'est pas normal (au cas où vous ne l'auriez pas compris de vous-même). 2 jours après, la situation se débloque.

Cela ne vous aura coûté que quelques Euros, mais, vous n'avez pas encore été pris en charge....

Enfin vous allez recevoir un code définitif, mais en attendant, vous avez été radié.e et donc la prise en charge sera différée !

Heureusement que les services techniques ont agi, sinon vous auriez pu rester longtemps dans cette situation, car personne ne prend en compte ce que vous dites. Vous devez vous débrouiller tout.e seul.e !!!

Je vous garantis que la recherche d'emploi est un travail à plein temps.

Enfin, la situation semble s'éclaircir, car vous venez de recevoir le fameux et tant attendu (j'aurais pu écrire inespéré) mot de passe définitif.

Vous pouvez donc vous connecter à votre compte et bénéficier de tous les services, dont la déclaration de revenu, comme bon vous semble.

Bien entendu, vous pensiez pouvoir apporter les modifications, maintenant que vous avez accès.

Et bien non ! Comme ce n'est pas vous (informatiquement, votre compte) qui avez fait la déclaration, vous n'avez donc pas la possibilité de modifier. Il faut que ce soit la personne qui a fait la déclaration qui s'en charge...

Là vous commencez à comprendre le problème. En effet, vous avez déclaré de mémoire, à quelques 200 km de chez vous et donc avez été imprécis dans les sommes.

La personne que vous aviez au téléphone vous a gentiment aidé à faire votre estimatif, en fonction de votre situation (cadre ou non, conditions de départ).

Après tout ce que vous aviez vécu comme douleur (rappelons-nous que vous êtes sorti.e d'un burnout), il est légitime que vous e vous souveniez pas de tout et puis il y a eu cet emploi « entre-deux » dans la logistique qui est venu brouiller les cartes, car pour faire le calcul, il faut prendre en compte les deux missions.

Tout est une histoire de calcul de droits (montant de la somme que vous percevrez) et de durée.

Pôle emploi prend « le plus avantageux » pour vous.

Que se passe-t-il en cas de trop perçu ?
Si cela vous arrive, ce n'est pas grave, la régulation se fera sur le mois prochain !

Tout va bien, mais si par chance vous avez trouvé un emploi et que le salaire est supérieur à vos indemnités, alors pendant ce fameux mois vous ne touchez plus d'indemnité (ce qui est normal) et votre salaire vous permet d'être tout juste à l'équilibre.

Dans ce cas vous aurez la joie d'avoir un salaire négatif (pas possible de demander un étalement de remboursement).

Certes vous aviez perçu trop, mais vous l'aviez dépensé, donc ce trop perçu « indument » (c'est ce que vous répondra le conseiller) vous devez le restituer.

Pourtant ce n'est pas vous qui avez commis l'erreur.

Ce n'est pas grave, il ne fallait pas toucher à l'argent indûment perçu !

Bref, Pôle Emploi commet une erreur, mais c'est vous qui êtes pénalisé.e.

Attention, il est normal de rembourser le trop-perçu, en revanche, si vous n'avez pas fait attention et ainsi profité de la somme reçue, c'est vous qui êtes en faute.

Amusant car, dans le monde réel, si vous commettez une erreur, c'est bien vous qui êtes responsable et pénalisé.e. Et bien pas chez Pôle Emploi.

Tout peut enfin commencer et vous êtes donc enfin inscrit.e et pouvez bénéficier des services sur rendez-vous uniquement.

Cependant, comme pour le cas du trop-perçu, votre dossier ayant mis du temps à être traité, vous êtes considéré.e comme ayant « perdu du temps » alors votre dossier est automatiquement passé en non prioritaire (oui c'est de votre faute s'il y a eu des soucis informatiques sur votre dossier).

Pour faire simple, pôle emploi a eu des soucis informatiques qui ont entraînés votre radiation, puis une grosse lenteur sur votre dossier, puis une déclaration par un tiers avec un trop perçu, mais tout cela est de votre fait !

Heureusement que tout est rentré dans l'ordre, car votre dernière mission vient de s'achever et vous allez avoir besoin des services de pôle emploi !

Incroyable !

Finalement, j'ai de la chance. Pôle emploi (mon conseiller N° 2, car le premier fait simplement l'entrée en matière, après, il refile le dossier à un/une collègue) prend en considération ma situation.

Rendez-vous serein, il semble que la personne comprend même si elle ne peut pas beaucoup aider.

Cette personne propose « Pôle emploi mode d'emploi » après que j'ai enfin réussi à avoir tout ce qu'il faut... Mais bon on ne sait jamais, ça peut servir !

Vu de loin, cela fait un peu, maintenant que tout est stabilisé, nous allons vous expliquer comment cela fonctionne. Étonnant n'est-ce pas ?

Dans le rendez-vous, comme il n'y a pas de session « tout de suite », je vous propose le groupe activ'emploi.

La tentation est trop grande, je ne peux m'empêcher de vous mettre ici le teaser de pôle emploi sur le fameux Ativ'emploi :

Activ'emploi : dynamisez votre recherche d'emploi !

Activ'emploi est une prestation souple et innovante qui vous permet de bénéficier d'un appui sur mesure dans votre recherche d'emploi et du regard éclairé d'un spécialiste de l'emploi, partenaire de Pôle emploi. Profitez-en pour booster vos démarches !

ACTIV'EMPLOI EN DÉTAILS

- *Vous bénéficiez d'un suivi personnalisé, avec un prestataire de Pôle emploi, à votre rythme pendant 4 mois.*
- *Il met à votre disposition des services et des informations sur le marché du travail et vous conseille sur vos méthodes et vos outils de recherche d'emploi.*
- *Vous êtes suivi par le prestataire grâce à différents canaux : webcam, chat, web conférence, e-learning, serious games, mails, téléphone… ou lors de rencontres physiques.*

C'est tiré du site pôle emploi !!

Votre conseiller vous explique : *« Ce n'est pas nous, mais il y a des passerelles pour les informations. »*

Traduction on vous flique car pendant que vous êtes dans le groupe Activ'Emploi, vous n'avez pas de compte à rendre à pôle emploi, à part la mise à jour de votre situation : Je n'ai pas bossé dans le mois !

Effectivement, pendant le mois qui vient de s'écouler vous n'avez pas travaillé puisque vous avez participé au groupe.

De plus, vous cherchez activement, donc, vous allez dans d'autres groupes « parallèles » qui ne sont pas chapeautés par Pôle emploi.

Activ'emploi enfin une aide efficace !

Convoqué à 9H00, soyez-y en avance, car la « formatrice » n'aime pas les retardataires (et ça, c'est vrai !).

Je suis à l'accueil avec mes 30 minutes d'avance (ce n'est jamais trop !). La convocation m'a donné une adresse dans une ville un peu éloignée et, outre le fait que je ne connais pas bien les environs, je redoute les embouteillages.

L'hôtesse, très gentille, m'envoie vers une sorte de maisonnette en bois, au fond de la cour... Non, ce ne sont pas les toilettes ! Sinon j'aurais dit ma cabane au fond... Bon je m'égare.

Arrivé dans la maisonnette, je me pose tranquillement. Plusieurs personnes entrent et sortent, certaines esquissent un sourire et disent bonjour, d'autres font comme si elles ne m'avaient pas vu.

Au bout de 15 minutes, l'une des personnes ose un mot... Vous avez rendez-vous avec un conseiller ? »

« Euh non pas vraiment je viens pour activ'emploi ».

« C'est qui votre conseiller ».

« Et bien je ne sais pas c'est la première fois que je viens ».

« Ah bah fallait le dire tout de suite ! C'est de l'autre côté, demandez à l'accueil ».

« Mais c'est justement eux qui m'envoient ici ».

« Ah ben ils z'ont rien compris !, dites que c'est le premier atelier ».

Bon comme je ne suis pas devin, j'avais simplement suivi les consignes, mais finalement j'aurais dû me douter que c'était trop facile...

Finalement l'hôtesse d'accueil (toujours aussi gentille et dévouée) donne l'information. C'est en salle 6 que tout va se passer.

Nous sommes déjà un petit groupe à attendre derrière la porte (la salle est fermée à clef) et toujours pas de formatrice.

Il est maintenant 9H15, et, comme tout le monde était arrivé au moins 15 minutes en avance suivant les recommandations de Pôle Emploi, cela fait 30 minutes que nous patientons.

Cela a permis de faire connaissance et de constater que nous venons d'horizons différents.

Tout à coup une personne ressemblant plus à une diseuse de bonne aventure qu'à une formatrice arrive.

Il ne lui manque que le jeu de tarot et une boule de cristal et elle pourra sans conteste vous expliquer votre avenir.

L'habit ne fait pas le moine, mais elle a tout de même 15 minutes de retard.

Ne jugeons pas trop vite. Si ça se trouve cette personne est très compétente.

D'ailleurs j'ai constaté que nous avons tendance à ranger les gens que nous croisons dans des cases, suivant notre perception, et bien souvent, on se trompe.

Si le ramage ressemble au plumage…

La formatrice est donc en retard et, au lieu de s'excuser, elle nous invective (le mot es assez faible pour décrire le ton employé par cette « formatrice »).

Dit autrement, elle déclame avec un grand sourire « Vous venez pour l'atelier Activ'emploi ? ».

La tentation est grande de répondre « à votre avis », mais outre la bienséance, il y a le fait que manifestement c'est une mauvaise journée pour cette personne (ou alors elle n'a pas d'humour, ou les deux).

Bon comme nous sommes des chômeurs, manifestement, cela ne sert à rien à cette personne de s'excuser du retard.

D'abord ce serait une perte de temps et puis ça dénoterait avec ce qui va suivre !

Au moins je dois dire que le décor est planté et bien planté !

Entrant le dernier, je ferme la porte (geste qui me semble normal jusque-là). L'animatrice, sur un ton difficilement descriptible me lance un « J'vous ai pas dit d'fermer la porte ! Si y'a quelqu'un d'en retard !!! ».

A vrai dire, au vu de la délicatesse de l'animatrice, j'espère que le ou la retardataire aura soit une bonne excuse, soit un mot du surveillant général !

Je ferais bien un peu d'humour en demandant si je peux m'assoir, mais je crains que ce soit mal pris...

Vous noterez au passage que je ne l'ai pas nommée formatrice, car c'est une honte pour la profession (qui est également la mienne) de se comporter de la sorte en face d'une personne ou d'un groupe, même si la journée a mal débuté.

La séance commence par le traditionnel tour de table et des projets (mais pas des attentes). Chaque participant a un parcours différent, ce qui promet une grande richesse dans les débats et apports.

Il est au moins certain qu'il n'y aura pas de concurrence dans les recherches. Pôle Emploi a vraiment bien choisi les participants.

Cependant, une personne ose dire qu'elle pense (songe à) monter sa propre affaire d'ici octobre.

Ouh là là ! Elle n'aurait jamais dû dire cela. Elle s'entend dire par l'animatrice toujours aussi « sympathique » et sur un ton presque agréable... « Ben qu'est-ce que vous venez faire ici ? »

Comme il est évident que notre animatrice a un humour débordant, je vais m'abstenir.

En effet, les participants sont exclusivement inscrits par le conseiller Pôle Emploi, il y a de fortes probabilités pour la personne soit venue par ce biais. Ne relevons pas je suis certain que mon tour viendra.

La personne rappelle qu'elle n'a pas défini son projet, mais qu'elle y pense. L'animatrice fait un compte à rebours rapide : « Juillet, premier contact, août, premier rendez-vous, septembre deuxième, octobre, troisième... C'est bien ça, si vous voulez monter votre boîte d'ici la fin de l'année et bien vous n'avez rien à faire ici ! ».

On continue le tour de table.... Et là, c'est mon tour......

« J'ai un Master II en ingénierie de formation, et je... »

« Quoi ? Un master II et vous croyez qu'on va vous apporter quelque chose ? »

Tiens, pour un peu je pourrais trouver cette réplique un peu drôle, car c'est exactement ce que m'avait dit le conseiller pôle emploi.

J'avais gardé cela jusque maintenant, mais le conseiller m'avait dit mot pour mot « n'espérez pas que Pôle emploi vous trouve quelque chose au vu de votre diplôme ; d'ailleurs je me demande ce que vous faites ici ».

J'avais poliment répondu que je n'avais pas le choix si je voulais toucher mes indemnités de chômage.

Effectivement il y a bien de fortes interactions entre les deux structures. C'est en tout cas le constat que je peux faire maintenant.

Le dialogue se poursuit donc en ces termes :

« Pôle emploi m'a assuré que vous alliez me donner des pistes pour améliorer ma façon de chercher et c'est mon conseiller qui m'envoie ».

« Mais ça fait combien de temps que vous êtes au chômage ? »

« Un mois... »

« Et vous ne cherchez que maintenant ? Mais il faut au moins 2 ans avant de décrocher un boulot, alors il vous reste 1 an et 9 mois au mieux.

On va vous donner des billes, mais comptez pas sur nous pour trouver un emploi d'ailleurs, ce n'est pas notre vocation » !

Et s'adressant au groupe, le monologue continue...

« Bon je me présente, Madame X, je suis conseillère ici à activ'emploi et je peux vous dire que vous allez avoir accès au marché caché grâce à nous, car en fait il n'y a que 50 % du marché visible, le reste, c'est le marché caché...

Et pour vous, la formation, c'est 70% de ce 50% qui sont du marché caché, donc si vous ne connaissez pas ce marché ou si vous n'y avez pas accès, vous allez vraiment galérer ».

« Oui mais j'ai des entretiens en prévision et j'aimerais avoir des conseils pour un retour rapide à l'emploi ».

« Oui vous voulez griller les étapes en gros ! »

« Il y a deux minutes vous m'avez dit que j'aurais dû commencer à chercher plus tôt, et maintenant que je vous dis que je cherche vous me dites que je grille les étapes ».

« Quand nous allons parler du marché caché vous comprendrez mieux... »

La réunion dure environ 1 heure, pourtant sur ma convocation, il est marqué qu'il faut prévoir 3H00 au moins.

Heureusement que la réunion ne dure pas les 3heurs prévues, car ça aurait été difficile à tenir !

De plus c'est délicat de renvoyer cette animatrice dans ses buts, car elle a tout pouvoir sur votre dossier.

Si elle oublie de vous marquer présent, vous n'avez aucun moyen de prouver qu'elle a oublié de vous marquer.

Je ne dis pas qu'elle se livrerait à ce genre de représailles envers l'un ou l'autre, cependant, j'avoue ne pas vouloir tenter ma chance.

Finalement, la « conseillère » nous reçoit un-à-un pendant un quart d'heure. Comme nous sommes 8, et bien cela fait 2H + l'heure de lancement... Le compte est bon !

Le premier à passer est monopolisé 1H15 et le dernier passe 3H00 (don 1H45 à ne rien faire).

Effectivement, vous avez bien lu, cela veut dire que le premier à passer individuellement sera libre au bout d'une heure ¼ et le dernier aura donc bien fait ses 3H00, mais avec 2H00 de perdue.

Et, cerise sur le gâteau, vous ne pouvez pas sortir faire vos courses, même s'il y a un supermarché en face, car si l'animatrice/conseillère va plus vite avec l'un ou l'autre, vous risquez de ne pas être inscrit dans l'agenda, ce qui revient à un abandon non justifié, et donc la radiation de pôle emploi !

Oui ils ont plein pouvoir sur vous et cette animatrice le fait bien remarquer.

C'est à moi de passer un quart d'heure de plus avec cette charmante animatrice. D'un autre côté, il ne reste qu'un quart d'heure à passer dans ces conditions.

Elle veut me donner rendez-vous avec une autre conseillère, mais j'ai un entretien ce jour-là.

Je n'aurais pas dû dire cela !

« Comment ça vous n'êtes pas disponible ? »

« Mais là ça va poser un problème, car votre conseillère n'est pas disponible à la demande et il faut que vous l'ayez vue d'ici le 16 maximum, sinon vous êtes hors délai et vous risquez d'être radié de pôle emploi car vous n'avez pas suivi le cursus complet des 4 mois.

Ben oui vous dites que vous êtes en recherche et vous n'êtes pas disponible pour le programme qui vous est proposé.

Vous pouvez être considéré comme ayant fait une fausse déclaration et pôle emploi pourrait même demander une enquête ».

« Donc je ne suis pas disponible le jour que vous me proposez et, sur une fenêtre de 2 semaines, la conseillère n'est pas disponible et vous me rejetez la faute ?

Alors nous allons procéder autrement, vous me faites un papier récapitulatif de tout cela, comme ça je montre à pôle emploi que je fais le maximum, puis, je fournirai une attestation sur l'honneur que j'ai bien été présent à un rendez-vous de sélection d'embauche.

Ainsi, vous ne pouvez pas m'inscrire sur les 2 semaines car la conseillère n'est pas disponible et j'étais pris pour une raison qui me semble valable le jour que vous me proposiez ».

« Bon d'accord ! Le 16 juillet 9H00 et soyez à l'heure ! »

Notez que quand une personne de ces institutions, je devrais dire de ces mécaniques bien huilées, vous dit que vous risquez.... En fait elle vous indique ce qui va vous arriver.

Je souris intérieurement, en fait il faut accepter jusqu'à un certain point et puis avoir un argument en or massif en face.

Bon je ne fais pas de remarque quant à sa précision horaire... Mais je suis soulagé d'apprendre que ce n'est pas elle ma conseillère. Un mauvais à priori sans doute.

Mon argument était que j'avais un rendez-vous pour une éventuelle embauche et que j'avais alerté le conseiller Pôle Emploi à ce sujet.

Arrive le jour tant attendu de l'atelier « Pôle emploi, mode d'emploi ».

J'ai reçu un appel la veille pour me dire de venir à la session du matin, car, faute de participant, la session de l'après-midi n'a pas lieu.

Arrivé sur place le jour J, une voix charmante mais déjà énervée me demande à l'interphone « vous avez rendez-vous ? » on ne vous ouvre que si vous répondez oui.

Une fois entré, je pense que le parcours du combattant est terminé, mais une personne me demande de m'identifier.

Étant prévu à la session de l'après-midi qui a été supprimée par Pôle Emploi eux-mêmes, je ne peux pas m'identifier (pas de transfert entre sessions).

Heureusement une personne est au courant, donc effectivement, je suis invité à patienter.

A l'heure dite, lors du tour de table, j'apprends que ma conseillère a changé. Je suis très surpris, car je vais périodiquement sur le site pour vérifier que j'ai accès et c'est toujours ma conseillère habituelle qui semble suivre mon dossier.

« Non Monsieur ! cela fait un mois que ce n'est plus elle qui est en charge de votre dossier !

Les conseillers ne devraient pas faire de modification, mais exceptionnellement, je mets votre dossier à jour ! ».

Pour en arriver là, j'ai dû rappeler que je m'étais connecté la veille sur mon compte et que le nom de la conseillère était toujours le même.

Manifestement le site n'était pas à jour, ou il y avait un souci quelque part.

La personne s'était alors connectée et avait constaté que je disais vrai, d'où sa promptitude à changer le nom de la conseillère.

C'est lors de ce rendez-vous que j'ai confirmation qu'il existe bien un marché caché où seuls les initiés peuvent se rendre.

Bien évidemment, Pôle Emploi ne peut que vous donner des pistes, mais en aucun cas vous inscrire dans ledit marché.

De plus, lors de cet atelier, vous apprenez que le plus important n'est pas tant l'utilisation du portail que la conduite à tenir (dates auxquelles il faut être vigilant et remonter les informations).

En d'autres termes, il est important de respecter un calendrier. Votre activité et votre recherche réelle sont secondaires.

De plus on vous apprend les règles de remontées d'information. Si vous devez fournir vos 3 derniers bulletins de salaire, faites 3 envois séparés, sinon le centre de traitement les refuse. En revanche il ne faut pas mettre « trop de documents d'un coup » sinon c'est refusé.

Quelles sont les limites ? vous le saurez quand votre dossier ne sera pas traité ou qu'il sera refusé.

Mais alors, s'il n'est tout bonnement pas traité, mais sans refus, comment suis-je au courant ?

C'est justement là que votre conseiller prend toute sa dimension et il est bon de prendre au moins un rendez-vous par mois avec lui (ou elle si c'est une conseillère).

Cela sous-entend donc que je suis parti pour plusieurs mois...

Restez bien dans ces rails sinon vous risquez d'être oublié, en revanche ne faites pas trop de zèle, rappelez-vous que je ne pouvais plus envoyer de mail pour 2 mails successifs envoyés !

Bien entendu j'ai eu le souci du portail non fonctionnel, donc mes documents ont été refusés, j'ai eu la chance que la conseillère fasse un traitement spécial au vu de mes avatars.

Attention, un point très important est de bien enregistrer les justificatifs de déclaration à pôle emploi, car les documents parfois disparaissent et seule la preuve de remise fait foi !

Encore une fois, tout se passe électroniquement (même si vous n'avez ni ordinateur, ni accès Internet).

A ce propos, il est « amusant » de constater que, si vous n'avez pas de moyen informatique, Pôle Emploi en met gracieusement à disposition.

Vous avez donc accès à un ordinateur et à une imprimante dans les locaux de Pôle emploi.

En revanche, ce que vous ignorez sans doute, c'est que :

- Pour pouvoir entrer vous devez avoir rendez-vous.
- Pour prendre rendez-vous, vous devez vous connecter sur le portail.
- Pour vous connecter sur le portail, vous devez utiliser un ordinateur.

Donc, si par malchance, vous n'avez pas pensé, à l'issue de votre rendez-vous, à accéder à un ordinateur pour fixer le rendez-vous du mois prochain et de prévoir le calendrier des dates (prendre rendez-vous pour chaque action que vous devez faire sur votre compte), alors vous allez avoir encore plus de mal.

Par chance j'ai un ordinateur et un accès Internet à la maison.

J'en profite pour vous livrer un autre truc... Mais il ne marche pas toujours !

Sonnez et quand on vous demande si vous avez rendez-vous, dites « Oui » sur un ton très assuré et entendu.

Sinon, attendez que quelqu'un entre ou sorte. Il y a encore des gens polis qui vous tiennent la porte.

Soyez attentif aux sas à doubles portes. Vous entrez dans la première partie et il vous faut attendre le moment propice pour entrer et accéder au graal ou plus modestement à l'ordinateur.

Lors de votre rendez-vous, le conseiller vous dit que vous allez percevoir le complément de votre salaire...

En fait, pas vraiment. Votre salaire perçu est de 57% brut de votre brut avant d'être chercheur d'emploi, soit environ 50% de ce que vous gagniez avant.

Sur cette base, si vous travaillez, alors vous allez ne percevoir que le complément à hauteur des 50 % !

Exemple, vous gagniez 3 000€, vous allez donc percevoir 1 500€ (un peu plus en fait, mais bon simplifions les calculs !).

Si vous travaillez 2 semaines et que vous gagnez 1 400€, alors pôle emploi ne vous paiera que 100€ (la différence entre ce que vous percevez comme indemnité et les salaires que vous avez perçus (1 500 – 1 400 dans mon exemple).

Notre président de la République (Emmanuel MACRON) dira, le 3 octobre 2017, face à une grève : « Au lieu de foutre le bordel, ils feraient mieux de voir s'ils peuvent trouver un poste ailleurs ».

Vous avez sans doute raison, dans le fond, mais le « ailleurs » est-il sur notre territoire, car, même en cherchant du mieux possible, je vous promets qu'il n'est pas facile de trouver.

Monsieur le Président, je vous fais une lettre…

… Que vous lirez peut-être si vous avez le temps.

Je ne suis pas Boris VIAN, je suis loin d'en avoir le talent.

Cependant, même s'il y a quelques « brebis galeuses », tous les chômeurs (pardon demandeurs d'emploi) ne sont pas emprunts de mauvaises pensées.

Non, ils ne passent pas leurs vacances aux Bahamas, ils n'en ont certainement pas les moyens.

Prenons un exemple chiffré.

Un cadre marié, avec 4 enfants gagne 3 000 € par mois et se retrouve sur le marché de l'emploi.

Dans un premier temps, il devra obtenir un rendez-vous, sinon, pas moyen d'entrer (on ne vient pas à Pôle Emploi sans y être invité) !

Ce bon père de famille doit s'acquitter de cette démarche s'il veut avoir une chance de pouvoir subvenir aux besoins de la famille.

Grâce au savant calcul du système, sa rémunération va passer à… 57% Brut de son salaire net !

Il en a de la chance, il va donc gagner 1700 €… C'est royal, mais c'est du brut ! il ne va toucher que 80% de ce salaire.

Finalement, il aura pour vivre, faire vivre sa famille et continuer à rembourser le prêt de sa maison 1 368€ par mois.

Se démenant pour trouver un travail (il ne souhaite pas rester inactif), il trouvera un CDD à 2 500€ par mois….

Effectivement ce n'est pas « valable » (dixit le conseiller Pôle Emploi) et ce pour plusieurs raisons.

La première c'est que pôle emploi ne verse rien (normal, il touche plus que ce dont il a droit !).

De plus, lorsque son contrat va s'arrêter, le système va calculer ses nouveaux droits, encore une fois, les plus « favorables », mais cette fois, basés sur son nouveau salaire de référence.

Oui la France est terre d'accueil, et il est normal d'aider les ressortissants étrangers.

Cependant, si ce père de famille était hostile et étranger, alors il aurait des aides complémentaires (c'est directement et ouvertement dit par certains « conseillers »).

Pas de chance, ce cadre qui est prêt à mettre ses compétences au service des entreprises n'est ni hostile, ni étranger, alors il doit vivre dans la précarité, grâce à notre beau système.

Évidemment, notre Président de la République défie les chômeurs en arguant que s'il se promène avec le demandeur d'emploi, alors il lui trouvera un travail immédiatement, car il y a du travail.

C'est partiellement vrai, si le chercheur a moins de 40 ans et qu'il n'a pas de famille à charge.

Remarquez, M. MACRON n'a jamais dit qu'avec cet emploi le travailleur gagnerait suffisamment pour ivre. Il a dit qu'en se promenant avec la personne en recherche, il trouverait un emploi.

C'est certainement là tout le distinguo, car, quand nous parlons d'emploi, en fait nous faisons un lien avec le salaire et donc le pouvoir d'achat, ce qui semble être une erreur.

En revanche, il serait bon de revoir le fonctionnement de Pôle emploi. Il était prévu de le renommer en « France Travail », mais le Sénat a refusé ce renommage pour qu'il n'y ait pas confusion avec une autre institution. En effet, France Travail est un réseau œuvrant pour le plein emploi.

Il était prévu que l'actuel Pôle Emploi serait à la tête du réseau France Travail.

Nous resterons donc avec Pôle Emploi tel qu'il est.

Enfin, une analyse rapide faite par d'autres personnes éminemment meilleures que moi sur le sujet, a montré (ou tout au moins permis d'émettre l'hypothèse) que si tous les Français avaient du travail, il n'y aurait plus de raison de garder Pôle Emploi.

Ces personnes, taxées de complotisme, osent donc dire que le fonctionnement actuel de l'institution permet de garder un certain taux de chômage et de légitimiser son existence.

Il faut prendre ces propos avec beaucoup de prudence, mais cela pose quand-même la question, Pôle Emploi étant l'une des rares institutions juge et parti.

Cependant, je ne me fais pas porte-parole de ces propos, car j'avoue ne pas avoir suffisamment de connaissance dans le fonctionnement de Pôle Emploi.

En effet, la vision que nous en avons est extérieure et peut-être que le fonctionnement interne ne permet pas de satisfaire tous les demandeurs d'emploi.

D'ailleurs, tous les bénéficiaires sont-ils véritablement à la recherche (je parle de recherche active) ?

C'est également un débat qu'il faudrait mettre au regard de ce qui est vécu par les véritables chercheurs en emploi.

Il est effectivement facile de critiquer, mais ferions-nous mieux ?

La question reste ouverte et ce n'est pas parce que j'ai compilé quelques aventures avec un décor bien noirci que tout le monde vit cela et que c'est la seule, l'unique vérité.

Je suis convaincu que pour les personnes les plus fragiles, Pôle Emploi peut se révéler d'une grande aide.

Pour finir

S'il existait une solution simple, je pense qu'elle serait appliquée.

En revanche, je suis convaincu que si tout le monde y mettait du sien, la situation actuelle serait bien différente.

Il y a de l'emploi et il faut parfois être prêt à prendre un travail qui ne correspond pas aux études ou à ce que l'on aime faire.

Mais il y a également les entreprises qui devraient jouer le jeu en acceptant également de donner leur chance « aux séniors » comme aux jeunes.

Il faut donc garder de la distance, même si nous sommes témoins de quelques injustices. Il faut rappeler que la France est le seul pays avec autant de protection.

Le monde idéal n'existe pas mais il me semble cependant possible d'améliorer les choses !

Autres publications signées de ma main

Synthèse – Editions Edilivre : ouvrage sur les arts martiaux – Mars 2017

Formateurs reprenez le contrôle ! – Editions Vie : livre dédié à la formation – 2023

Printed by Books on Demand GmbH, Norderstedt / Germany